차동엽 신부 유고시집 ❶ 참 소중한
당신

KB220397

Nihil Obstat:
Rev. Pius Lee
Censor Librorum
Imprimatur:
Most Rev. John Baptist JUNG Shin-chul, S.T.D., D.D.
Episcopus Dioecesanus Incheonensis
2020. 2. 6.

차동엽 신부 유고시집 ❶

참 소중한 당신

교회인가 2020년 2월 6일
초판 1쇄 발행 2020년 2월 10일
초판 8쇄 발행 2020년 9월 21일

지음 차동엽
엮음 김상인

펴낸이 (사)미션3000
펴낸곳 위즈앤비즈
디자인 박은영
주소 경기도 김포시 고촌읍 신곡로 134
전화 031-986-7141 **팩스** 031-986-1042
출판등록 2007년 7월 2일 제409-3130000251002007000142호

ISBN 978-89-92825-97-9 03230
값 8,000원

ⓒ 2020. 김상인.
• 이 책 내용의 일부를 재사용하려면 반드시 저작권자와 위즈앤비즈 양측의
  서면에 의한 동의를 받아야 합니다.
• 잘못 만들어진 책은 바꾸어 드립니다.

차동엽 신부
유고시집 ❶

참 소중한 당신

차동엽 지음 / 김상인 엮음

그리운 이름…
차동엽 노르베르또 신부님

'감사합니다'

아직도 귓전에 울리는 말입니다. 병실을 떠나는 저에게 뒤통수에 대고 한 가장 마지막 말입니다. 참 그립습니다. 열정에 가득 차서 강의를 하고, 뭔가 깊이 생각하면서 일을 만들어 내고, 그것을 조리 있게 설명하고, 늘 교회와 사람에 대한 생각으로 가득 찬 시간을 보낸 신부님입니다.

신부님을 하느님께 보내면서 과거 신학생 시절부터의 일들이 머리를 스쳐지나 갔습니다. 원래 신부님은 성서를 공부했습니다. 하느님의 말씀을 더 깊이 알아듣고 싶다고, 하지만 갓 서품을 받고 만난, 차 신부님은 사목신학을 공부하겠다고 했습니다. 왜 그러냐고 물어보니 성서 공부도 중요하지만, 더 근본에는 그것을 잘 전달하고 알게 하는 것이 중요하다고 했습니다.

유학 시절 비엔나 거리를 같이 걸으면서 신부님은 어떻게 신자들에게 쉽게 재미있게 하느님을 알려주어야 할지를 설명해 주곤 했습니다. 그리고 제가 공부를 마치고 귀국하니, 어쭙잖은 누산리 공소에 미래사목연구소를 만들어 놓고 '가끔 도와줘'라고 이야기했습니다.

'사목정보'를 출간할 때 같이 참여하고, 한 꼭지를 맡아 글을 연재도 하면서, 더 가까이서 차 신부님을 만날 수 있었습니다. 뭐가 그렇게 바쁜지… 시간에 쫓기듯 자신이 생각한 모든 일을 다그치듯이 주변 사람들에게 지시하였습니다. 시간이 부족했다는 것을 무의식적으로 알았던 것 같습니다. 하느님이 자신에게 준 세상의 시간이….

보좌주교로서 총대리로 일할 때, 차 신부님은 저에게 멘토였습니다. 사목적 어려움을 질문할 때 거대한 지평 속에서 현재 무엇을 해야 할지를 꼭 집어내 주는 족집게 도사였습니다.

하지만 병이 온몸에 퍼지면서 그 논리적 말들과 글들이 줄어드는 것을 느낄 수 있었습니다. 시적으로 그 많은 내용을 함축하여 표현하고자 했던 것 같습니다. 특별히 홍승모 몬시뇰의 '신랑이 왔다'의 묵상글 끝에 붙인 작은 시구들은 복음의 정곡을 찌르는 느낌을 받습니다.

차동엽 노르베르토 신부님은 이제 만날 수 없습니다. 하지만 신부님의 삶 전체를 통해 보여준 모든 것에 대해, 이제는 제가 하느님만 바라보고 있을 신부님 뒤통수에 대고 말하고 싶습니다.

'감사합니다'

천주교인천교구장

정신철 요한세례자 주교

희망을 노래한 시인

사랑하는 마음이 커지면 콧노래가 저절로 나오고 사용하는 말도 아름다워지는 경험을 하게 됩니다. 故 차동엽(노르베르또) 신부님께서도 하느님을 사랑하는 마음이 커질수록 시로써 당신의 마음을 표현하고 싶어 하셨습니다.

희망의 전도사로 우리에게 큰 사랑을 받아온 차동엽 신부님은 당신의 수많은 저서를 통해서 많은 사람의 아픈 마음을 위로해 주시고 용기와 희망을 품게 해 주셨습니다. 그러면서 2015년부터 『참 소중한 당신』과 『사목정보』 잡지를 통해 당신의 시를 꾸준히 연재하셨습니다.

그 시는 각 시대와 상황 속에서 신부님의 삶과 묵상이 녹아 들어간 시였습니다. 그리고 궁극적으로 하느님께 대한 사랑과 희망을 노래한 시였습니다.

차동엽 신부님께서는 생전에 당신의 시에 대해서 책으로 엮어달라고 부탁하신 적이 있었습니다. 이러한 뜻을 비록 신부님께서 살아계실 때 선물해 드렸으면 더 좋았겠지만, 지금이라도 신부님의 뜻을 기리며 신부님을 그리워하고 사랑하는 분들과 함께 나누고자 합니다.

이 유고시집은 1권과 2권으로 되어있습니다. 각 권의 제목은 차동엽 신부님께서 평소에 즐겨 사용하셨고 사랑하셨던 표현('참 소중한 당신', '너는 내 사랑')으로 선택하였습니다.

1권『참 소중한 당신』에는 진정으로 소중한 우리에게 옛 추억들과 위로, 행복에 대한 당신의 생각을 전하고 픈 신부님의 마음이 담겨 있습니다.

2권 『너는 내 사랑』은 하느님께 대한 사랑을 노래한 시로 구성되어 있으며, 주로 믿음, 희망, 사랑에 대한 차 신부님의 마음을 느낄 수 있고 성모님과 새로운 도전에 대한 희망적인 메시지도 발견할 수 있습니다.

차 신부님의 시를 정리하고 11개의 주제로 엮어가면서, 신부님께서 얼마나 인생을 열심히 그리고 기쁘게 살아가려고 했는지 느낄 수 있었습니다. 또한, 그 바탕에는 하느님에 대한 깊은 신앙심이 있었고 그분을 얼마나 사랑했는지에 대해서 시 곳곳에서 발견할 수 있었습니다.

차 신부님의 시를 읽으면서, 특히 구약의 '시편'을 사랑한 신부님께서는 어떻게 보면 한 생을 하느님에 대한 사랑을 노래한 시인이었구나 하는 느낌이 듭니다. 그리고 이러한 사랑의 시 속에서 신부님께서는 '희망'을 간직하고 있었고 다른 이들에게도 희망을 품게 하는 노래꾼이었다고 생각합니다.

차동엽 신부님의 유고시집을 통해 그리워지고 보고 싶은 맘이 조금이나마 위로받으시길 바랍니다. 아울러 차동엽 신부님께서 그토록 희망했던 것이 무엇인지, 우리도 천천히 시를 읽으면서 발견하고 희망하길 소망합니다.

2020년 주님 봉헌 축일에
김상인 필립보 신부

목차

PART 01

참 소중한 당신

"내가 너를 지명하여 불렀으니 너는 나의 것이다"(이사 43,1).

내가 무(無)였을 때
그가 나를 '유'(有)라 부르시매,
나는 그의 존재(存在)가 되었다.

내가 홀로였을 때
그가 나를 '너'라 부르시매,
나는 그의 사랑이 되었다.

내가 어둠이었을 때
그가 나를 '빛'이라 부르시매,
나는 그의 사도가 되었다.

(『사목정보』 2016년 1·2월 호)

생명의 신비

나는 바라본다.
고로 나는 존재한다.

나는 움직인다.
고로 나는 존재한다.

나는 도모한다.
고로 나는 존재한다.

더 이상 바라보지도, 움직이지도, 도모하지도 않을 때,
나는 실존일까?
(『참 소중한 당신』 2018년 2월 호)

"너희가 나를 뽑은 것이 아니라 내가 너희를 뽑아 세웠다"(요한 15,16).

무릇 세상의 모든 학도는
스승의 명망을 좇아
제자가 되기로 자원하지만,
"너희"(요한 15,16)는 다르다.

하늘 아래 재원을 통틀어
깜 중에 깜
그 됨됨이가 될 성 부름에,
"너희"는 세워졌다.

너희 그윽한 귀로 뭇사람 설움이 풀리고,
너희 무거운 입술로 민족들의 생사화복이 결정되고,
너희 오롯한 가슴으로 땅의 탄원이 하늘길을 오르거늘,
너희 어찌 지엄하신 간택 없이 사도라 불리겠느냐.

(『사목정보』 2017년 9·10월 호)

"여러분은 그리스도의 추천서입니다"
(2코린 3,3 참조).

네 선한 미소를 보고 한 죄가 외치리라.
"크신 자비가 나를 용서하셨네."

네 그윽한 눈빛을 보고 어느 비관이 외치리라.
"그럼요, 나는 소중하다고요."

네 쫑긋한 귀를 보고 어느 고독이 외치리라.
"지금 내겐 친구가 있지요."

네가 내민 손을 마주 잡고 한 불안이 외치리라.
"샤—알롬, 샬롬, 샬롬, 샬로—옴."

네 인격의 내음을 맡고 그가 홀연 고백하리라.
"오, 향기로운 그리스도의 사랑이여!"

(『사목정보』 2018년 1·2월 호)

참 소중한 당신

한 잎 의미로 피어나기 위해 미소 짓는 당신,
아주 작은 생명의 움에서 소중함의 함성이
오물거리는 몸짓에서 소중함의 얼굴이
남몰래 훔치는 눈물에서 소중함의 목마름이
그대로 우리 품에 스며듭니다.
당신의 존재는 소중합니다.

한 자루 사랑이 되기 위해 생애를 태우는 당신,
거짓의 꽃밭 속에 진실의 씨앗을 심을 때,
얼어붙은 마음들에 따스함의 밑불을 지필 때,
바람처럼 스치는 인연에 가슴을 여밀 때,
벗을 위해 목숨 바친 님 모습이 스칩니다.
당신의 믿음은 소중합니다.

별 하나 바라보며 내일의 비상을 노래하는 당신,
부러진 나래에게 희망을 속삭이매,
깜박이는 심지에 격려의 기름을 부으매,
이른 새벽에 이슬 모아 홀로이 기도하매,
미명을 뚫고 찬란한 태양이 떠오릅니다.
당신의 꿈은 소중합니다.

(『참 소중한 당신』 2019년 10월 호)

PART **02**

추억의 사색

향수

그리워만 한들 무슨 소용이랴.
슬픔만 더 파래질 걸.

보고 싶어만 한들 무슨 위로랴.
눈물만 속절없이 흐를 걸.

모르지 않으면서도, 마냥 바라보네.
알면서도, 망연히 두리번거리네.
반갑게 맞을 듯이 옷깃만 여미네.

(『참 소중한 당신』 2018년 8월 호)

단골의 이름이면

아줌마, 한 줌 더 얹어주세요.
아저씨, 1,000원만 깎아 주세요.
단골 좋은 게 뭐예요.

덤―콩나물 손으로 집던 그 깍쟁이 선심이라도,
에누리 얻어내던 그 인색한 거래라도,
'단골'의 이름으로라면 정겨웠지.

골목길
모퉁이 돌아들면
추억의 얼굴들이 다시 살아난다.
(『참 소중한 당신』 2017년 9월 호)

바람 이야기

불어라!
청하기 전에
불현듯 스며들어
내 동면을 간질이네.

너구나!
느끼기 전에
어느새 휘돌아
내 존재를 적시네.

가니?
헤어지기 전에
저만치 사라지며
추억으로 돌아드네.
(『참 소중한 당신』 2016년 4월 호)

추억의 명절

"설에는 떡국 한 그릇 먹어야 나이 한 살 더 먹는다."
음력 새해 첫 날 온가족이 모여 세찬을 나누며
따끈한 덕담을 주고받는, 아름다운 지혜를
길이 대물림시키고자
조상님들이 꾸며낸 설(說, 이야기)일성 싶습니다.

설날은
우리 동심의 고향,
우리 가족의 추억,
우리 민족의 그리움!

2015년의 설.
시간의 향수를 달래며,
또 다시 설렘의 첫 시작을 열고자,
추억 한 마당 깔아봅니다.
(『참 소중한 당신』 2015년 2월 호)

내 자녀에게 물려주고 싶은 아날로그

모처럼 떡을 하는 날이면
집집마다 배달심부름하며
나눔의 즐거움을 배우곤 했지.

국군의 날이 오면
국군장병 아저씨들에게 연필 손편지를 쓰며
슬그머니 애국심을 키우곤 했지.

명절날이면
이산 고아 아버지 따라 외할머니 무덤 200리 길 다녀오며
망향의 눈물 함께 흘렸었지.

『참 소중한 당신』 2017년 11월 호)

효도(孝道)

이골이 날 만큼 들어도
소리는 그저 바람결처럼
귓바퀴 언저리만 맴돌 뿐.

"낳아주셔서 고마워요", "키워주셔서 감사해요",
"사랑해요"를 담아보지 못한 입술에게
인륜의 말은 죽는 순간까지 모르는 외국어일 뿐.

공경의 시선 품지 못한 눈,
보은의 용돈 바쳐보지 못한 손,
그리움의 눈물 흘리지 못한 가슴에게
천륜의 덕은 구닥다리 강요일 뿐.

말로 훈육하는 이, 공허를 거두고,
입술에 담아 주는 이, 립서비스를 거두고,
몸에 익혀주는 이, 알곡 보람을 거두리.

(『참 소중한 당신』 2018년 11월 호)

책 읽는 마을

책을 안 읽으면
저주 받습니다.

누군가가 말했다.

왜?

책을 안 읽으면
쓰던 물건 똑같이 쓰고
하던 생각 똑같이 하고
놀던 동네 못 벗어나는
저주를 받습니다.

누군가가 말했다.

!!!
(『참 소중한 당신』 2015년 9월 호)

가을 편지

내 미련을 띄웁니다
이렇게 큰 글씨로
내 집착이여

내 불면을 띄웁니다
이렇게 큰 글씨로
내 괴로움이여

내 미소를 띄웁니다
이렇게 큰 글씨로
내 사랑이여
(『참 소중한 당신』 2018년 9월 호)

별과 전설

소슬바람 불고 하늘 높아질 때면,
별을 볼거나.
성기거나 촘촘하거나
내 동경들이 이윽고 정착할 그곳에로
점점이 줄 선,
빛의 징검다리.
내 영원한 향수의 흥분을 들을거나.

문득 고적해지고 밤 그늘 드리울 때면,
별을 켤거나.
덜하거나 더하거나
내 양심의 카오스(혼돈)에 비춰
동그라미와 네모와 세모를 분간케 해 주는,
슬기의 안광.
내 안의 별을 밝힐거나.

세간에 끌끌끌 혀 차는 소리 거세질 때면,
별이 될거나.
심하거나 아니거나
"비뚤어지고 뒤틀린"(필리 2.15) 세대를 거슬러
구닥다리 순수를 사모하여 자체발광하는,
저잣거리 가로등.
뭇사람 희망의 빛이 될거나.

(『참 소중한 당신』 2018년 10월 호)

세월의 여운

노상 지나쳤던 돌부리 하나
추억의 창문에선
깨달음이 되지

시간의 무한 선상 점 하나인 그때 그 일
추억의 필름에선
의미가 되지

숱한 만남 중 흔적 하나인 그 사람
추억의 액자에선
아름다운 인연이 되지

이러구러 엮어진 지난 이야기들
추억의 사색에선
마냥 고맙기만 한 축복이 되지

『참 소중한 당신』 2015년 11월 호)

한 해의 저물녘에

신록을 떨궈 버린
나목의 몰골처럼

화장기 곱게 닦은
여인의 민낯처럼

허세를 훌훌 턴
우리 생의 맨얼굴

(『참 소중한 당신』 2015년 12월 호)

PART 03

나무에 기대어

여유

콩 한 알도 나누던
온정처럼

초승달 빛에 밤길 거닐던
운치처럼

촌음(寸陰)에 성호 긋고
잠심(潛心)에 드네
(『참 소중한 당신』 2016년 8월 호)

휴(休)-우

휴―우, 마지막 기포까지 내쉬자꾸나.
권태
피로
우울
미세먼지를
숨겨진 한 알갱이까지
공허만 남겨두고
모조리 토하자꾸나.

흐―읍, 그 공허의 깊이까지 마시자꾸나.
환희
청량
음이온
태초의 기운을
청정무구(淸淨無垢)의 품에서
다시 살아내야 할 시간을 위하여
흠뻑 들이쉬자꾸나.

(『참 소중한 당신』 2015년 7월 호)

PART 04

맡김의 기도

어떡하지?

바다로
산으로
냇가로
훌쩍 떠나고 싶어도,
뜰 수 없음에.

몸으로
생각으로
마음으로
게으름을 피우고 싶어도,
허락되지 않음에.

"어떡하지?"
나 "어떡하지" 하다가,
어느새 당신 품에 안겨
곤히 낮잠에 드네.
(『참 소중한 당신』 2016년 7월 호)

초대

수고롭고 무거운 짐
내려놓고 싶으냐?
오너라, 내게로.
네게 기쁨이 넘치리라.

푸—욱
쉬고 싶으냐?
안기거라, 내 아늑함에로.
네게 평강이 흐르리라.

새 기운을
얻고 싶으냐?
호흡하라, 내 입술의 바람을.
네게 생명이 약동하리라.

(『참 소중한 당신』 2019년 8월 호)

내 영혼을 살찌울 먹거리

무엇을 먹을까, 무엇을 마실까, 무엇을 입을까
걱정하지 마라(마태 6,25 참조)

걱정하지 마라!
우리의 필요를 알고 계신 분께서 챙겨주신다.

걱정하지 마라!
너무 탐닉하여 '땅'의 사람으로 전락할까 하노라.

걱정하지 마라!
상서로운 '하늘' 기운이 드나들 여백 있게 시리.

(『참 소중한 당신』 2015년 10월 호)

사랑의 다른 이름들

날이 좋으나 궂으나
어머니는 아들을
아버지는 딸을
걱정하지.

석양이 드리워 가면
부부는 짝꿍을
자녀들은 부모를
염려하지.

걱정과 염려는
사랑의 다른 이름들.
그 너머 엄연히 존재하는 사랑의 또 다른 이름,
칭하여 '맡김의 기도'.

이러구러
하루 치 사랑이 소진할 즈음,
그쯤에서 걱정과 염려를 주께 맡기고
평화의 품에 기대시게.
(『참 소중한 당신』 2016년 12월 호)

흐드러지는구나

자고로
원초적 생명소(素)는 물이요
으뜸 흥의 돋우미는 술이라고들 했지
그리고 모든 꿈틀거리는 것들의 첫 번째 음식은 젖.

아— 하늘 어미 지상의 새끼들 위해
예언자 이사야를 시켜 차려 놓은 밥상
산해진미 부끄럽게 하는 황홀한 향연이로구나.

"자, 목마른 자들아, 모두 물가로 오너라.
돈이 없는 자들도 와서 사 먹어라.
와서 돈 없이 값 없이 술과 젖을 사라"(이사 55,1).

돈 없이 값 없이 얻어먹는 융숭함에
그저 흐드러지는구나.
(『참 소중한 당신』 2019년 7월 호)

표지 1번에 대한 추억

일정한 거리를 두고설랑
주저함의 심사로
당신 언저리에 서성거린다면,
당신은
낯선 타인일 뿐이죠.

계면쩍음을 접고설랑
'혹시나'의 희망으로
당신 곁에 냉큼 다가간다면,
당신은
내가 안길 안도의 품이련지요.

아니 그저, 옹곳이 닫은 마음을 살짝 열고설랑
수줍은 미소로
환영의 손짓만 보내도,
당신은
내 시린 옆구리 감싸주는 반려가 되어주시겠지요.

(『참 소중한 당신』 2019년 1월 호)

"어머니가 제 자식을 위로하듯 내가 너희를 위로하리라. 너희가 예루살렘에서 위로를 받으리라"(이사 66,13).

아가야
출생 일성이 서러운 울음보더니
어느덧 여러 십년을 내처 고달프게 살아왔구나.
열락(悅樂)과 허무 사이를 왕래하며
표류하듯 밀려온 네 생의 궤적은
마디마다 생채기로구나.

아가야, 내 사랑둥이야
너는 모른다.
너 서러울 때 나 온기로 너를 안았다.
너 고달플 때 나 뜬눈으로 너를 지켰다.
너 비탄할 때 나 녹는 애간장으로 너를 보듬었다.

아가야, 내 눈물아
이제 대소(大笑)하라
이제 안식하라
이제 환호하라
나는 웃음이요 쉼이요 기쁨이다.
(『사목정보』 2017년 11·12월 호)

PART 05

소담한 미소

아무렴

누구에게나 우주가 있다.
누구의 뇌리에나 태고의 적막이 있다.
누구의 마음에나 무변(無邊) 사막이 있다.

우주 어디메쯤 우리들의 집도 있겠지.
적막 틈서리엔 너와 나의 이야기도 있겠지.
사막 봉우리엔 내 아득한 꿈도 있겠지.

그러니까 행복한 거야.
그러니까 그리운 거야.
그러니까 설레는 거야.

(『참 소중한 당신』 2017년 8월 호)

행복은

행복은
그때가 좋았지라고
말하지 않는다.

행복은
만약이라는 낱말을
모른다.

행복은
행복해요라는 말도
저어한다.

행복은
그저 소담한 미소
상기된 가슴일 뿐이다.

(『참 소중한 당신』 2018년 7월 호)

"지혜를 붙드는 이는 영광을 상속받으리니, 가는 곳마다 주님께서 복을 주시리라"

(집회 4,13).

행복하여라,
지혜에 곰곰 잠심하고 지식을 골똘히 응시하는 이.
행복하여라,
마음 속 지혜의 길을 헤아리고 그 샛길을 알아채는 이.
행복하여라,
사냥꾼처럼 지혜를 좇고 그 길목을 지키는 이.
행복하여라,
지혜의 창을 엿보며 지혜의 문에서 귀를 기울이는 이.
행복하여라,
지혜의 집 옆에 막사를 짓고 지혜의 담벼락에 그 말뚝을
박는 이.

행복하여라,

지혜 곁에 천막을 치고 거기 좋은 곳에 머무는 이.

행복하여라,

지혜의 섶에 둥지를 틀고 지혜의 가지에 기숙하는 이.

행복하여라,

지혜의 그늘 아래에서 더위를 피하고 지혜의 후광 속에

사는 이.

(집회 14,20-27 참조) (『사목정보』 2017년 5·6월 호)

PART **06**

나의 우리

동행

홀로는
취한 듯 외롭고

둘이서는
딱 그만이고

셋이서는
거나하게 넘치니

숫자가
무슨 상관이랴

(『참 소중한 당신』 2015년 8월 호)

고마워요, 나의 우리!

무진(無盡) 세월
격한 세파 가르며
숱한 기억을 씨 뿌려온 우리.

내게 한결같은 버팀목이었던
내게 마지막 안식처였던
나의 우리.

눈물로써
고마워요.
나의 우리.

(『참 소중한 당신』 2015년 5월 호)

먼 곳에서 온 동포, 새터민

본디 한 핏줄
갈라져도 한 동포
소원해야 한 민족

머나 먼 길 돌고 돌아
혈육의 품으로
날아든
반가운 누이 형제들

무조건 사랑한다
우리의 본능이
거역할 수 없는 권위로
포옹을 명하나니.
(『참 소중한 당신』 2015년 6월 호)

내가 만난 천사

그날, 황망 중에 길을 물었을 때,
바쁜 걸음 멈춘 채 버스 번호와 하차 요령을 깨알같이
안내해주었던 그.
혹시 그가?

그때, 생(生)의 무게감으로 철퍼덕 넘어졌을 때,
비상한 날램으로 물병을 구해와 물 한 모금
따라 주던 그 손길.
혹시 그 손길이?

그 날 밤, 고독의 몸살로 끙끙 뒤척이고 있을 때,
누군가 불쑥 인기척으로 다가와 등을 어루만져
주는 것 같던 낯선 느낌,
혹시 그 낯선 느낌이?

(『참 소중한 당신』 2016년 3월 호)

"가식으로든 진실로 하든 […]
나는 그 일로 기뻐합니다"(필리 1,18).

아프면 아프다 했지
슬프면 슬프다 했지
화나면 화를 냈지.

나 그렇게 살았었지,
내 본능이
원하는 대로
…

힘들면 미소 짓지
서러우면 허허 웃지
수틀리면 하하하 호탕하게.

점점 가식이 늘어갔지,
내 안의 그리스도
바라시는 대로
…

기쁨이 넘쳐 눈물짓고
은혜에 겨워 흐느끼고
감사에 벅차 통곡하고

이런 날도 오더라,
본능과 가식과 꿈이
한통속이 되는 때가 오더라
...

(『사목정보』 2017년 1·2월 호)